Ricky Roogle

DAS GEGRILLTE BUCH

Witze und Cartoons zum Thema Grillen

Zur Entstehungsgeschichte dieses Buches

Bibliografische Information der Deutschen Nationalbibliothek: Die Deutsche Nationalbibliothek verzeichnet diese Publikation in der Deutschen Nationalbibliografie; detaillierte bibliografische Daten sind im Internet über http://dnb.dnb.de abrufbar.

© 2022 Ricky Roogle; 1. Auflage
Covergrafik, Texte & Illustrationen © 2022 Ricky Roogle
Kontakt Autor: ricky.roogle@t-online.de
Herstellung und Verlag: BoD – Books on Demand, Norderstedt
ISBN: 9783756221950

"Ich habe kein Problem damit, wenn auf Grillpartys Alkohol getrunken wird. Ich habe ein Problem, wenn dort kein Alkohol getrunken wird!"

Auswirkungen eines Grillabends

Wenn du heute beim Einschlafen ein Schaf weniger zählen kannst, dass war ich. Ich hatte heute Lamm.

Danke für den Grillteller! Habe das Steak letztendlich entdecken können!

AUF DER GRILLPARTY

"Kannst du mir bitte eine Bratwurst geben?"

"Mit Darm?"

"Oha, interessante Sichtweise..."

HAUPTSACHE GUT GEGRILLT

"Das Steak ist eher ein Stück Kohle
als alles andere!"
"Aber es hat einen unschlagbaren Vorteil."
"Welchen denn?"
"Die Kalorien sind alle schon verbrannt!"

EINE VOM GRILLTELLER ENTFLOHENE JAGDWURST NIMMT RACHE!

EINKAUFSZETTEL FÜR GRILLABEND

Frau: **Mann:**

- Salat   - Fleisch
- Wein   - Bier
- Dips
- Kräuterbutter
- Käsewürfel
- Servietten
- Ketchup
- Mayonnaise
- Kartoffeln
- Paprika
- Peperoni
- Gurken
- Brot
- Maiskolben
- Crème fraîche
- Tomaten
- Zwiebeln
- Oliven
- Cola
- Fanta

Überall auf den öffentlichen Grünanlagen findet man diese Schilder: "GRILLEN VERBOTEN!"
Aber wissen das auch die Grillen?

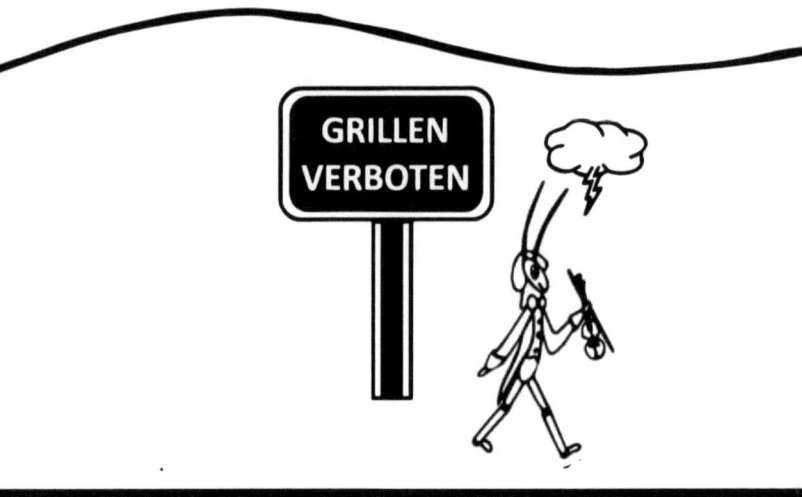

Früher, vor 30 Jahren auf einem Grillfest hieß es: "Was habt ihr zu trinken da?"
Heute auf einem Grillfest ist die erste Frage: "Kann mir jemand das WLAN Passwort sagen?"

Welche andere Bezeichnung gibt es noch
unter Grillfreunden für ‚Grillabend‘?

Meating Point

An alle Vegetarier. Das man von
dahinvegetieren spricht und nicht von
dahinschnitzeln, hat schon seinen Grund.

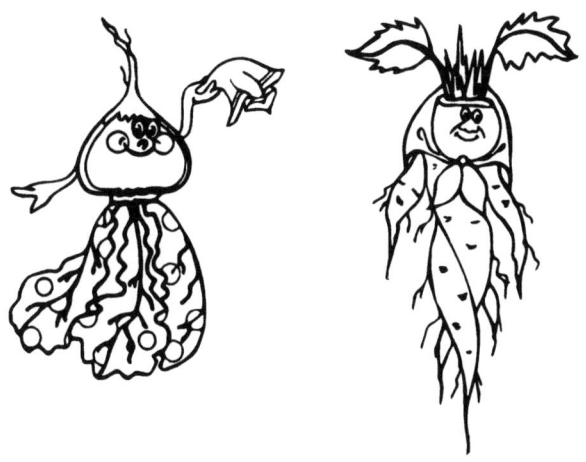

In der Südsee. Ein großer Luxusdampfer ist gesunken. Ein Mann entkam rechtzeitig dem sinkenden Schiff und erreicht das rettende Ufer. Zwei Kannibalen fangen ihn, fesseln ihn an einen Spieß und grillen den Schiffbrüchigen über dem Lagerfeuer. Sagt der eine:

"Pass auf, dass du alles richtig machst."

"Wieso?"

"Weil es ein berühmter Restaurantkritiker ist. Und wir wollen doch keine schlechte Bewertung bekommen, oder?"

Habe letztens einen Supermarktverkäufer gefragt, wo ich die Grillanzünder finden kann, antwortet mir dieser: "Die Bild und die anderen Zeitungen befinden sich rechts neben den Kassen."

Wollte Vegetarier werden, aber gerade noch mal Schwein gehabt.

Star Wurst, die vegane Bedrohung.

Konnte kein Fleisch mehr essen.

Zack! Ausgestorben!

Neulich in der Südsee

Star Wurst

VERABREDUNG ZUM GRILLABEND

Andreas hat die Gruppe 'Grillabend' erstellt

Wir grillen morgen bei mir!
15:15 ✓✓

Frank
Kanns kaum erwarten deine saftigen Steaks zu essen! 👍👍👍
15:16

Haben wir auch Vegetarier dabei? 15:16 ✓

Klara
Ja ich! Schön dass du daran denkst! ☺
15:19

Klara wurde aus der Gruppe entfernt

Schreib eine Nachricht

Ob ich etwas gegen Gemüse habe? Nein, überhaupt nichts, mein Essen soll sich doch gesund ernähren!

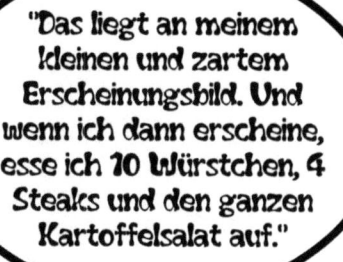

"Wieso wirst du so gerne zum Grillen eingeladen?"

"Das liegt an meinem kleinen und zartem Erscheinungsbild. Und wenn ich dann erscheine, esse ich 10 Würstchen, 4 Steaks und den ganzen Kartoffelsalat auf."

Unbemerkt von allen Gästen, mutierte Jerome mit der Zeit zu einem eiskalten Seriengriller.

"Heute Abend wird gegrillt."

5213 Wespen gefällt das
14131 Wespen haben hierzu einen
Kommentar abgegeben
756 Wespen haben das Ereignis geteilt
3 Wespen laden zu einer "Störungsaktion
bei Homo Sapiens" ein
605 Wespen wollen daran teilnehmen.

Moses, bekennender Grillfan, erweiterte die zehn Gebote

"Und das elfte Gebot lautet:
Lebe im Bier und jetzt!"

Ein Vater Sohn Gespräch

Wie du dich fühlst, wenn es dir als Grillmeister
gelingt, den ganzen Grillabend lang, nichts
anbrennen zu lassen.

"Ich bin Gott."

Ein weiterer unschlagbarer
ästhetischer Vorteil beim Essen von
Fleisch:

Fleisch krümelt nicht.

Wir grillen jetzt (,) Opa!
(Satzzeichen können Leben retten!)

Nun ist endlich geklärt, wie sich Veganer vermehren.
Sie kriegen keine Kinder, sie produzieren Sprösslinge.

Und Moses sprach:
"Ich habe teure Steaks auf dem Grill verbrennen lassen.", und das Meer so:

Krematorium für Grillfans

Das höchste Kompliment, das ein Grillmeister erhalten kann:

"Ich will ein Rind von dir!"

Jetzt ist es wieder soweit, es kommt die Jahreszeit, wo im Supermarkt zur gleichen Zeit Streusalz und Grillkohle angeboten werden.

Immer wieder wird der Grillprozess mit Sex verglichen. Ist dies so? Urteilt selbst anhand der folgenden Aussagen:

- Wenn du unten nicht richtig sauber machst, kann es sein, dass es brennt.
- Hattest du die Nachbarn eingeladen?
- Dein Würstchen sieht aber schrumpelig aus.
- Wenn du so weitermachst, beschweren sich die Nachbarn gleich wieder.
- Schau mal, das ist echt der Wahnsinn, wie da der Saft rausläuft.
- Warte bis die Soße kommt, dann ist es perfekt.

- Wenn das Stück zu trocken ist, kann ich es nicht genießen.
- Du hast da noch was am Mund.
- Ein bisschen Blut dabei ist ok.
- Wir könnten das eigentlich jetzt wieder öfter machen.
- Die ist noch nicht fertig, die muss noch mal drauf!
- Drei Minuten oder doch lieber well done?
- So, jetzt wird der Spieß mal umgedreht!
- Meine Frau liebt mein Fleisch in ihrem Mund.

Ein Grillmeister stellt sich der Frage über das Leben nach dem Tod:

"Wo möchte ich sein, wenn ich mal tot bin?"

Ich sollte das wählen, wo es glühende Kohlen gibt.

Wenn das Essen schlauer ist als der Grillmeister.

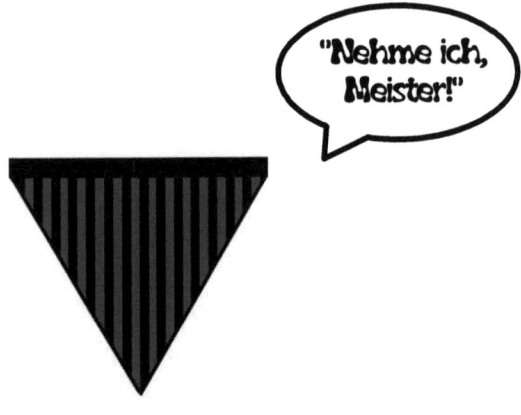

"Bleibt es beim Grillen heute Abend?"

"Aber es regnet doch die ganze Zeit so stark."

"Na, dann lass uns doch einfach Fisch grillen."

Wenn du eine Unmenge an Fleisch und Würstchen für den Grillenabend mit Freunden gekauft hast und es dann für Wochen ununterbrochen stark regnet.

Wenn ein entfernter Bekannter zum Grillabend mitkommt...

und sich herausstellt, er ist Veganer...

Wenn du im Koma liegst...

Und du nach 20 Jahren endlich aufwachst...

Und deine erste Frage an den Arzt ist:
"Machen die Jungs heute wieder einen Grillabend?"

Jeder ist empört darüber, dass die Welt immer mehr in Schieflage gerät! Dann geht man in den Discounter und kauft einen 5er Pack Koteletts für 2,49 € und geht zum Grillen.

"Und wie sieht dein Fitnessplan für heute aus?"
"Im konzentriere mich auf Bauch und Nacken"
"Super, also bis nachher im Fitnesscenter?"
"Dort gibt es einen Grill?"

"Die Meiers haben mich für heute Nachmittag zum Grillen eingeladen. Ich soll etwas Vegetarisches mitbringen. Habe an eine Stange Zigaretten gedacht."

Heute lernen wir englische Begriffe fürs Grillen.

Kapitel 1:
Onion rings = Zwiebel ruft an

Warum ist Chuck Norris der beste Grillmeister?
Er kann unter Wasser grillen.

"Heute machen wir mal was für die Gesundheit! Wir sorgen für Fettverbrennung auf höchsten Niveau."
"Super, was soll ich machen?"
"Schmeiß den Grill an."

Nimm SOFORT das Gemüse von meinem Grill oder ich binde stattdessen deine Hand drauf!

"Wie wäre es heute mit Grillen? Bringt bitte noch Bier, Kohle, den Grill und das Fleisch mit. Um das Besteck kümmere ich mich"

Mein Beitrag:

"Na, das sieht so aus als würden sie heute wieder grillen?"
"Aber nein, ich bereite nur gerade die dreibeinige Oberschale vor, um darin neugierig dumm fragende Nachbarn zu Ehren der Göttin Grilla zu opfern."

"Oh große Grilla!
Nimm mein Opfer an!"

"Früher war es mein größter Wunsch, später einmal etwas mit Tieren zu machen. Das ist der Grund, warum ich heute so gerne grille!"

früher   heute

Grillregel Nr.1:

Zu viel Knoblauch zu nehmen, ist nicht möglich!

Wie heißen die vier Jahreszeiten aus Sicht des Grillers?

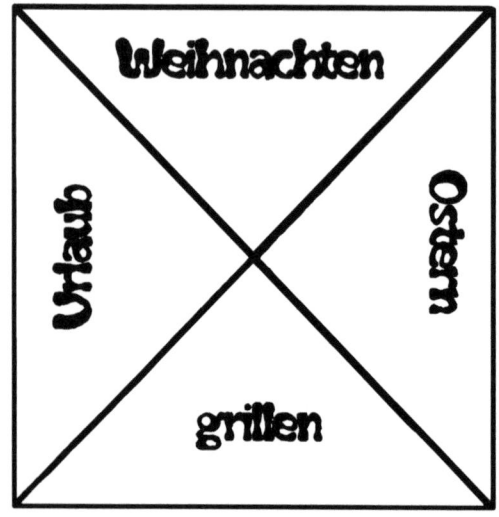

Weihnachten

Urlaub

Ostern

grillen

Was ich beim Grillen esse?

Kartoffelsalat, Blattsalat,
Kräuterbaguette ... bis was vom Grill
fertig ist.

Was mich aufregt? Meine Nachbarn. Die
legen sich einen teuren Weber Grill für 900 €
zu und grillen dann einen 10er Pack Würsten
für billige 99 Cent darauf.

In der Südsee. Ein Luxusdampfer ist untergegangen.

Der Clown der Theatergruppe des Dampfers erreicht mit letzter Kraft den Strand einer Insel.

Zwei Kannibalen finden den Erschöpften. Sie werfen ihn in einen Kochtopf und kochen ihn über dem Lagerfeuer.

Dann probiert einer der Kannibalen von ihm und meint:

"Schmeckt irgendwie komisch, oder?"

Die verschiedenen
Kopfschmerztypen

Migräne

Bluthochdruck

Stress

**Jemand hat das
Gemüseverbot für den
Grill missachtet!**

Kennst du das?

Diese Zeit, in der du nicht grillen kannst?

Und du nicht weißt, was du jetzt mit
deinem Leben anstellen sollst?

Was es geben sollte

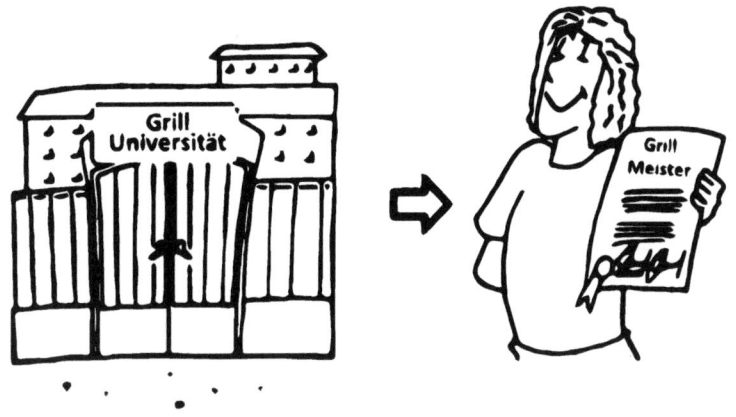

Meine Freunde meinen, ich sei süchtig nach Grillen. Aber dabei achte ich immer auf eine ausgewogene Zeiteinteilung nach Wichtigkeit.

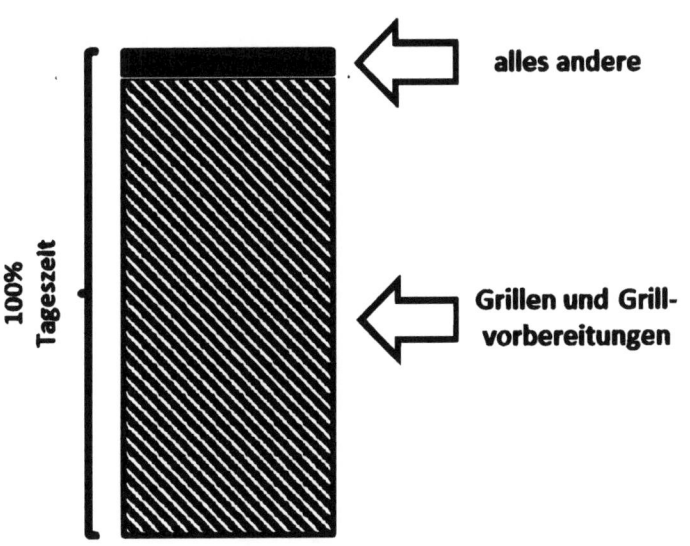

Sommer, fünf Uhr Nachmittag:
"Juchhuu, Feierabend! Was wollen wir jetzt unternehmen? Baden gehen? Zur Eisdiele laufen? Im Wald spazieren gehen? Grillen?"

Winter, fünf Uhr Nachmittag:
"Düster, diesig, dunkel. Ich geh schlafen."

Dumme Aliens

"Hey Leute, Fehlanzeige. Die dominierende Lebensform ist noch in einer zu primitiven Lebensphase. Sie haben gerade erst das Feuer entdeckt und grillen noch ihr Essen!"

Das, was die Vegetarier einfach nicht verstehen wollen. Wenn Gott gewollt hätte, dass wir Tiere nicht essen, weshalb hat er sie dann aus Fleisch gemacht?

"Genau!"

Wohin geht Chuck Norris zum Grillen? Er geht auf die Sonne. Alles andere wäre ihm zu kalt.

Chuck Norris's Rakete

"Wie lauten die drei schönsten Worte?"

"Grill ist an!"

"Ok, deine Anmerkungen über richtiges Grillen in Ehren. Aber sehe ich wie eine Bratwurst aus?"

"Wieso?"

"Weil du andauernd deinen Senf dazu gibst!"

Dein Senf

Mein Grillen

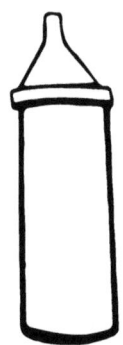

= inkompatibel

Was sagt der Mafiosi auf der Grillparty:

"Gestatten, Luigi, Auftragsgriller."

Der Mensch soll über die Fische, Vögel und anderen Tiere der Erde herrschen!

...und sie grillen.

Wie bezeichnet man es, wenn
Veganer Sex miteinander haben?
Sie pflanzen sich fort.

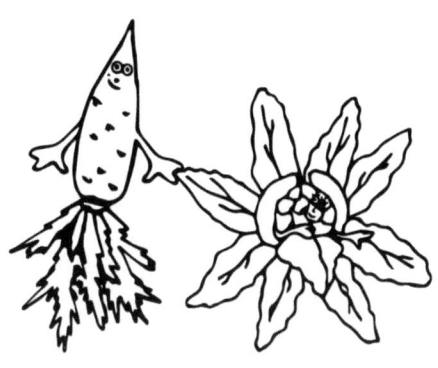

Der Grillmeister eröffnet den Grillabend:
"Herzlich Willkommen zu diesem Grillfest!
Da wir diesmal auch Veganer unter den
Gästen haben, möchte ich gleich zu Beginn
auf das kalte Buffet dort drüben
verweisen!"
"Meinst du den Komposthaufen?"
"Kaltes Buffet!"

Die Grillelfe

Archivfoto

Menschen können anhand ihres
Essverhaltens grundsätzlich in zwei
Kategorien eingeteilt werden:
Kategorie 1: Nehmen nur bestimmtes Essen
nur zu festgelegten Uhrzeiten ein.
Kategorie 2: "Reste vom Grillabend und
Kuchen von Sonntag zum Frühstück? Geil!
Sofort her damit!"

Und dann gibt es immer diejenigen, die nicht zwischen Beruf und Privat trennen können.

Jeder redet davon, dass wir mehr Innovationskraft in Deutschland brauchen. Ich habe da eine Idee. Wie wärs, wenn das Navi nicht nur die Tankstellen, sondern auch die Standorte der Hähnchengrillwagen anzeigen würde?

Oha! Der ahnungslose Nachbar beginnt gerade seinen Grill zu befeuern! Das bedeutet, noch genau 45 Min ausharren, dann zu ihm rübergehen und ihn mit traurig-sehnsuchtsvollen Augen seine Schneeschaufel vom Dezember zurückbringen.

Weshalb legt der Grillmeister eine
Schweigeminute am Grill ein?
Es ist die Schamminute, das Tier nicht
selbst erlegt zu haben.

Auf welche Weise erfährt man, dass ein Veganer auf der Grillparty ist?

Er erzählt es einem.

Welches ist der leckerste Fisch?
Der Schnitzel.

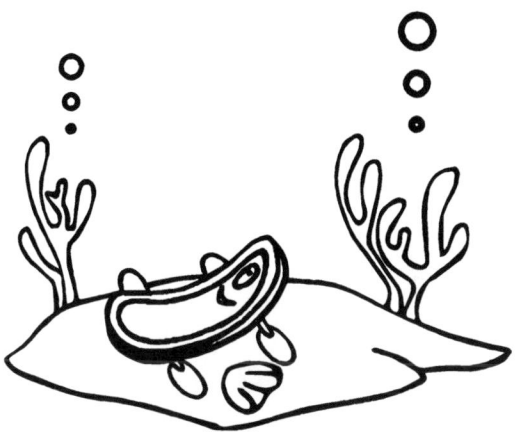

Ein Grillmeister zum anderen:
"Nun ist es wissenschaftlich bewiesen,
warum Männer so gerne grillen."
"Und was ist der Grund?"
"Weil Salat schnippeln kacke ist!"

Familie Schulze ist beim Grillen. Auf einmal kommt der Weihnachtsmann zu ihnen auf die Terrasse und sagt:
"Ho! Ho! Ho! Fröhliche Weihnachten. Und entschuldigt bitte die Verspätung, aber mein Schlitten ist kaputt gegangen und zwei meiner Rentiere sind krank, deshalb musste ich zu Fuß kommen."

Nein, Grillfleisch macht nicht dick. Das Bier trinken beim Warten bis das Fleisch fertig ist, macht dick.

Gemüse essen?
Wir haben nicht die Spitze der
Nahrungskette erklommen, um als
Vegetarier wieder herabzusteigen.

Uraufführung von ‚Die Schöne und das
Biest' für Grillfans heißt es:

Die Schöne   Das Beef

"Woher kommt eigentlich das Wort
‚Vegetarier'?"
"Vegetarier stammt aus dem Indianischen
und bedeutet ‚schlechter Jäger'."

"Heute Abend auf dem Grillfest gibt es
ein echtes 7 Gänge Männer-Menü."
"Wie meinst du das?"
"Steak und Sixpack."

Die neuesten Bücher von Ricky Roogle:

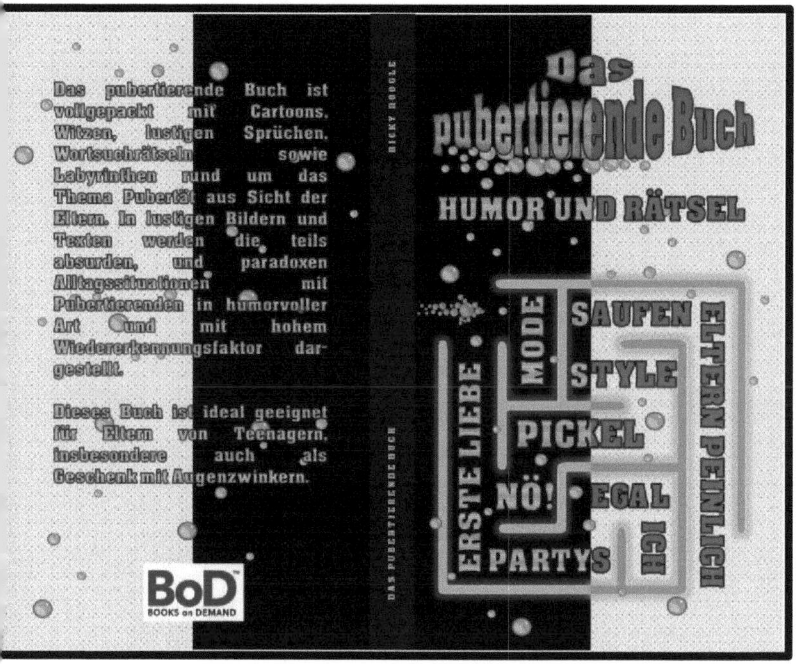

Bücher rund um Among Us von Ricky Roogle

"Gut gemacht, Gnom. Dieses Buch ist vollkommen durchgegrillt, aber lustig."

"Danke, Meister Roogle."

Ende

Hat euch das Buch gefallen, dann würde ich mich über eine positive Bewertung freuen.